DEOLINO PEDRO BALDISSERA

SERVIÇO DE ESCUTA

Manual de procedimentos

Dados Internacionais de Catalogação na Publicação (CIP)
(Câmara Brasileira do Livro, SP, Brasil)

Baldissera, Deolino P.
  Serviço de escuta : manual de procedimentos / Deolino P. Baldissera. — 2. ed. — São Paulo : Paulinas, 2011.

  Bibliografia.
  ISBN 978-85-356-1653-8

  1. Comunicação 2. Escuta - Aspectos religiosos - Igreja Católica 3. Serviços pastorais - Igreja Católica I. Título.

11-07043   CDD-253.52

Índices para catálogo sistemático:
1. Igreja católica : Serviços de escuta : Trabalho pastoral 253.52
2. Serviços de escuta : Igreja Católica : Trabalho pastoral 253.52

2ª edição – 2011
5ª reimpressão – 2024

Direção-geral: *Flávia Reginatto*
Editora responsável: *Vera Ivanise Bombonatto*
Copidesque: *Marina Mendonça*
Coordenação de revisão: *Andréia Schweitzer*
Revisão: *Ana Cecilia Mari e Patrizia Zagni*
Direção de arte: *Irma Cipriani*
Gerente de produção: *Felício Calegaro Neto*
Capa e projeto gráfico: *Cristina Nogueira da Silva*

Nenhuma parte desta obra poderá ser reproduzida ou transmitida por qualquer forma e/ou quaisquer meios (eletrônico ou mecânico, incluindo fotocópia e gravação) ou arquivada em qualquer sistema ou banco de dados sem permissão escrita da Editora. Direitos reservados.

Cadastre-se e receba nossas informações
paulinas.com.br
Telemarketing e SAC: 0800-7010081

Paulinas
Rua Dona Inácia Uchoa, 62
04110-020 – São Paulo – SP (Brasil)
✆ (11) 2125-3500
✉ editora@paulinas.com.br

© Pia Sociedade Filhas de São Paulo – São Paulo, 2005

Sumário

INTRODUÇÃO 5

SERVIÇO DE ESCUTA 7

1. O que é o serviço de escuta? 7

2. Como organizar o serviço de escuta 10

3. Orientações para os voluntários que prestam o serviço 11

4. Algumas normas de procedimento para o atendimento 12

5. Orientações para o usuário 14

6. Comunicação na relação de escuta 15

7. Observar quem veio para ser escutado 17

8. Outras condições para a escuta 18

9. Como utilizar as perguntas 27

10. Outras formas de comunicação e seus efeitos 34

11. Perguntas para diferentes situações 41

12. Ficha para estatística dos atendimentos 45

13. Avaliações periódicas e troca de experiências 46

BIBLIOGRAFIA ÚTIL PARA APROFUNDAMENTO 47

INTRODUÇÃO

Este pequeno manual quer ser um subsídio para ajudar na organização de um serviço de escuta em uma paróquia ou em outro local, tendo como objetivo criar um espaço para pessoas que desejam falar de si e não encontram quem as ouça.

Cada vez mais, o estilo de sociedade competitiva em que vivemos empurra o ser humano para um isolamento emocional e afetivo. Poucos indivíduos dão atenção aos problemas pessoais dos outros, exceto aqueles que o fazem por dever de ofício. Vale o ditado: "Cada um por si e Deus por todos". Cresce sempre mais, sobretudo nas cidades grandes, o número de pessoas solitárias, que não encontram com quem conversar para falar de si e de seus problemas.

O serviço de escuta quer oferecer um espaço onde as pessoas possam ser ouvidas naquilo que são e sofrem, sem interesses comerciais, sem segundas intenções, de forma gratuita.

É um serviço de pessoa para pessoa, de coração para coração, sem preconceito e sem pretensões milagrosas ou curandeiras. Tampouco busca ter respostas mágicas para resolver os problemas que afligem aqueles que procuram tal ajuda. Pretende somente ser um ouvido atento e amigo capaz de escutar e solidarizar-se, oferecendo um pouco de alento.

Este manual nasceu de uma experiência que estamos realizando na paróquia Nossa Senhora Aparecida de Moema, em São Paulo, há alguns anos. Nenhum dos voluntários que participa desse serviço recebe qualquer tipo de pagamento. A única recompensa que recebem é a alegria no coração por ajudar pessoas desconhecidas e aprender com elas o valor da solidariedade e da compaixão.

Desejamos oferecer este subsídio com o intuito de estimular a organização desse serviço e de dar algumas pistas práticas de como fazê-lo.

SERVIÇO DE ESCUTA

*Vós que estais sobrecarregados,
vinde descansar um pouco!*
(Mt 11,28)

1. O que é o serviço de escuta?

Vivemos em um mundo por demais estressante e exigente! Freqüentemente não temos tempo para as coisas que precisamos fazer e, no afã de não deixá-las se acumular, invadimos nosso espaço pessoal de descanso, lazer etc. e nos sobrecarregamos.

Quando nos damos conta, estamos com uma enorme carga emocional para carregar e suportar, e os sintomas do estresse começam a aparecer. Às vezes, mesmo no ambiente familiar, não temos oportunidade para sentar e conversar com alguém sobre nós mesmos e nossos problemas pessoais, pois cada um está empenhado em dar conta de suas tarefas e não lhe sobra tempo para ouvir.

E assim se acumulam as tensões e elas acabam por repercutir sobre o físico e o psíquico, afetando as relações interpessoais ou mesmo nossa autocompreensão.

Numa ocasião, havia terminado de celebrar uma missa quando se apresentou à sacristia uma pessoa que me pediu para escutá-la em confissão.

Fomos, então, para a saleta de atendimento e a pessoa, na verdade, não queria confessar-se, mas sim conversar. Veja a situação em que ela se encontrava. Havia pouco tempo que viera para São Paulo. Não tinha parentes nem amigos que conhecesse o bastante para confidenciar sua vida, suas conquistas, seus dissabores etc. Vivia sozinha num apartamento, cujo aluguel pagava com seu salário. Trabalhava num ambiente de atendimento ao público. No emprego, por orientação da chefia, não podia conversar sobre assuntos pessoais, só aqueles que diziam respeito ao serviço. No fundo, essa pessoa não tinha com quem conversar a respeito de si mesma. Isso chamou minha atenção! Pensei comigo: "Que paradoxo, estamos numa cidade onde vivem mais de dez milhões de pessoas e alguém não tem com quem conversar?!". Essa pergunta me inquietou muito e fiquei meditando: "Não haverá um meio de proporcionar às pessoas um espaço em que elas possam falar de si, sem serem cobradas ou sem precisar dar satisfação de seus sentimentos, de suas angústias? Onde elas possam, ao menos, serem ouvidas como pessoas, não como funcionários de uma empresa ou como alguém que não tem história?". Uma tentativa de resposta a essa situação pode estar no serviço de escuta.

O serviço de escuta quer ser esse espaço onde é possível encontrar alguém que ouça com respeito e atenção aquilo que nos aflige ou incomoda e que não se tem com quem compartilhar.

O serviço de escuta em uma paróquia (ou em outros lugares) pode ser feito por voluntários, que, após treinamento, se dispõem a escutar pessoas em um ambiente confidencial, a manter uma conversa amiga, a ouvir um momento de desabafo, a prestar ajuda no discernimento de problemas que afetam o dia-a-dia de alguém. É um serviço inteiramente gratuito, sem discriminação de credo, raça ou cor. Tem o único intuito de oferecer ajuda como interlocutor diante das angústias ou momentos difíceis por que alguém esteja passando.

Esse serviço deve ser organizado, isto é, ter um mínimo de estrutura que possibilite seu funcionamento e atenda a seu objetivo. Por estrutura mínima entendemos um grupo de pessoas voluntárias preparadas para tal fim e responsáveis pelos plantões que se comprometerem a comparecer. É necessário também um ambiente adequado, ou seja, uma saleta que propicie certo conforto e privacidade. Para que o serviço possa funcionar, é preciso, também, divulgá-lo. As pessoas precisam saber que ele existe e onde podem encontrá-lo. Para ser de qualidade, o atendimento deve ser feito por voluntários que tenham um mínimo de preparo e condições emocionais equilibradas. Não pode ser realizado na base do achismo ou voluntarismo sem compreensão do que isso implica. Afinal, quando se lida com um ser humano, estamos diante de alguém que não é um simples objeto de manipulação ou um somatório de problemas mal resolvidos.

Antes de tudo, trata-se de alguém que carrega consigo uma história pessoal, que tem sonhos, que não se conhece completamente, que está aflito, que precisa de um ombro amigo que o acolha e o escute, um ser que esconde um mistério que o ultrapassa, digno de respeito e consideração, mesmo que sua situação atual seja caótica. Uma premissa que se impõe antes de qualquer coisa é que esse ser humano é feito à imagem e semelhança de Deus. Seja crente ou não-crente. Portanto, trata-se de um serviço sério, que necessita da devida atenção e do acompanhamento adequado.

2. Como organizar o serviço de escuta

Para organizar um serviço de escuta é preciso alguém que se comprometa a motivar, envolver pessoas voluntárias e, com elas, organizar e tomar as devidas providências. É necessário prover um local onde receber as pessoas, com um mínimo de estrutura: algumas cadeiras, boa luminosidade, privacidade, silêncio, fácil acesso, segurança.

É bom que na equipe tenha alguém que a coordene (um ponto de referência), e, se possível, contar com uma assessoria qualificada (por exemplo, psicólogo, assistente social, ainda alguém que tenha uma certa experiência nesse tipo de trabalho ou o próprio pároco). No local do serviço (sala) é pertinente afixar uma lista informando o nome, dia e horário de cada atendente (escutador). Assim as pessoas podem também optar pela pessoa ou dia e horário mais convenientes. Contudo, não é preciso informar a profissão do atendente, nem seu endereço ou telefone. Basta que ele esteja ali nos dias e horários combinados e que tenha preparo para escutar. Isso evita dependência e outros problemas, como ligações para onde o atendente trabalha e pedidos de conselhos.

É importante ter uma lista com endereços de serviços adicionais que possam ser úteis para outros tipos de ajuda de que as pessoas necessitem. Por exemplo, acompanhamento psiquiátrico, tratamentos para dependentes químicos, assistência médica etc.

O papel do escutador, nesses casos, limita-se à informação de onde o sujeito pode procurar ajuda, e não resolver os problemas em seu lugar ou atuar como se fosse um assistente social. Por isso, vale insistir: o escutador deve ter seu campo de atuação bem delimitado.

3. Orientações para os voluntários que prestam o serviço (equipe)

A seguir, serão apresentadas algumas orientações práticas para iniciar um trabalho de serviço de escuta.

• *Objetivo:* escutar. Esse serviço quer ser um espaço de escuta de pessoas e para pessoas que necessitam de alguém que as escutem em um momento de desabafo, de reflexão, de busca de compreensão da própria situação existencial.

• *Destinatário:* pessoa que deseja ser escutada individualmente ou acompanhada — filho(a), esposo(a), família. Em princípio, o destinatário é uma pessoa que deseja alguém para escutá-la. Não se põe, de antemão, nenhuma restrição. Contudo o bom senso diz que nem sempre o escutador tem condições de ouvir toda e qualquer pessoa. Pode ocorrer que venha alguém com um grave desequilíbrio mental, que necessite de atendimento psiquiátrico ou de acompanhamento especializado. É evidente que o escutador não pode prestar tais serviços. Nesses casos, deve-se tratar bem e com respeito a pessoa que procurou o serviço, contudo a ajuda será muito limitada.

• *Escutador (atendente):* voluntário que se prepara para prestar esse serviço gratuito, que tenha disponibilidade de uma ou duas horas semanais para dar plantões no local preestabelecido e que esteja comprometido com o objetivo.

4. Algumas normas de procedimento para o atendimento

Relacionamos a seguir algumas orientações de como proceder no início e durante a escuta. São regras simples, contudo nem sempre lembradas. Às vezes, pequenos detalhes são importantes para desenvolver um encontro de ajuda eficaz.

1. Receber bem a pessoa que quer conversar. Acolhê-la com simpatia, com gentileza. Tratá-la com respeito, mas sem artificialismos.

2. Conversar num lugar seguro, que preserve a privacidade da pessoa.

3. Dar garantias à pessoa, se for necessário, de que aquilo que for falado ficará em sigilo, a menos que ela própria queira que se conte para alguém.

4. Não fazer promessas de ajudar, além daquela de estar ali para ouvir e sugerir.

5. Deixar claro, se solicitado, que esse serviço não dispõe de dinheiro ou meios materiais para ajudar a resolver problemas pessoais ou familiares.

6. A ajuda limita-se àquilo que pode ser feito no local e nos dias e horários estabelecidos. Deixar claro que este é um serviço voluntário — espaço de escuta — e não de assistência social. Eventualmente, pode-se orientar para buscar ajuda em outros serviços assistenciais, mas não prometer que vai resolver o problema. (É bom ter uma lista de endereços com outros serviços de ajuda; caso necessário, pode-se fornecer à pessoa para que ela os procure.)

7. Se for oportuno, o escutador deve dizer que tem outros compromissos de trabalho e infelizmente não pode conversar por telefone para aconselhamento. Se a pessoa quiser conversar novamente, indicar dia e hora disponíveis, sempre no local predeterminado.

8. Quando se está escutando alguém, ouvir com os ouvidos, olhos, razão e coração! Observar as mensagens não-verbais (olhares, gestos, expressões faciais, reações com as mãos, corpo etc.). Estar atento para não se deixar manipular pelos "lamentos" da pessoa. Não se envolver emocionalmente com o problema do outro; manter distância do problema.

9. Ouvir mais do que falar. Não interromper a pessoa enquanto está falando, por exemplo: "Ah, já sei o que você quer dizer", e completar a frase. Deixe-a falar como sabe e com as palavras que tem. Às vezes, para a pessoa é difícil encontrar as palavras que expressem o que sente; contudo, ela fará isso com palavras, gestos ou emoções.

10. Evitar dar conselhos, valendo-se do que aconteceu com você. Não se pôr como exemplo. Pode ser que aquilo que funcionou para você solucionar um problema semelhante em sua vida não sirva para resolver o dela. Ajude-a a encontrar por si a melhor resposta possível para aquilo que está procurando.

11. Respeitar o silêncio. Às vezes, a pessoa fica em silêncio, pois precisa de um certo tempo para pensar ou assimilar uma experiência emocional que está ocorrendo com ela. Não é preciso falar sem parar.

12. Limitar o tempo de escuta. De 45 minutos a 1 hora é um bom tempo. Pode haver casos que exijam mais, mas não ultrapasse demais esses limites.

13. Evitar criar dependência, isto é, a pessoa, diante de qualquer problema, quer consultá-lo antes de tomar uma decisão ou para ter segurança ou para que você assuma a responsabilidade por ela.

14. Ter consciência de que o serviço de escuta não é terapia.

15. Não tentar resolver o problema da pessoa se não se sente preparado para isso. Procure indicar algum profissional que possa ajudá-la.

16. Quando perceber que se trata de pessoa desequilibrada emocionalmente, ouça-a sim; porém, não espere que ela vá ter capacidade de lidar com a realidade como alguém normal.

17. Em todos os casos, mostrar-se irmão, amigo, não mestre! ("Um só é vosso mestre e Senhor, vós sois todos irmãos", diz Jesus.)

Essas são algumas observações que podem ser úteis no trabalho de escuta. Contudo, cada escutador tem sua própria experiência e intuição. Em todos os casos, vale o bom senso!

5. Orientações para o usuário
(Informações sobre o serviço de escuta)

• *Objetivo do serviço de escuta:* oferecer um espaço de escuta de pessoas e para pessoas que necessitem de alguém que as ouça, para um momento de desabafo, de reflexão, de busca de compreensão da própria situação existencial.

1. O serviço de escuta é inteiramente gratuito, feito por voluntários, coordenados por uma equipe.

2. Os voluntários são pessoas que participam das atividades da paróquia, que estarão disponíveis para ouvi-lo no dia e horário combinados.

3. O que nos move a prestar esse serviço é o desejo de nos solidarizar com as pessoas que encontram dificuldades como nós e não dispõem, por diversos motivos, de um espaço ou de alguém que possa ouvi-las. Anima-nos também o nosso compromisso cristão de nos ajudarmos e apoiarmos mutuamente para tornar a vida mais de acordo com o sentido que ela tem.

4. De nossa parte, podemos garantir total privacidade e segredo a respeito do que for conversado.

5. Não se trata de terapia no sentido psicológico. Desejamos, apenas, oferecer a oportunidade para um desabafo, ajuda para compreensão da própria situação existencial, sem, contudo, interferir em suas decisões e opções de vida. Respeitamos seu modo de pensar e suas crenças e convicções.

6. Você está inteiramente livre para conversar sobre o assunto de seu interesse. Nosso único intuito é escutá-lo. Você terá inteira liberdade para confidenciar o que quiser, aquilo que o preocupa.

7. Não prometemos resolver suas dificuldades, mas faremos todo o possível para ajudá-lo a encontrar as soluções que julgar mais satisfatórias para si e manifestar-lhe nossa solidariedade.

8. Todos os voluntários são pessoas comuns, que lutam no seu dia-a-dia, no seu trabalho, na sua vida familiar, e que também encontram dificuldades que a vida impõe.

6. Comunicação na relação de escuta
(Treinamento para a equipe de escuta)

Quando nos dispomos a escutar alguém, é necessário ter algum preparo, para que nossa ajuda seja a mais eficaz possível. Exige de nós um aprendizado. A seguir, serão apresentadas algumas reflexões que podem ser úteis para quem deseja prestar esse serviço. Algumas informações extrapolam o serviço de escuta e aplicam-se a outras situações mais amplas, mas foram consideradas importantes mesmo assim, como complemento para quem presta esse serviço.

A comunicação na relação de escuta

A comunicação dentro de um processo de escuta é muito importante. Na verdade, exige aprendizado, treinamento. Ninguém nasce experiente; é preciso conhecer, formar-se, treinar-se. Algumas pessoas nascem com mais facilidades que outras para esse tipo de trabalho. Há aquelas que possuem dons naturais de intuição e perspicácia; contudo, havendo disposição e empenho, todos podem desenvolver um grau satisfatório. O aprendizado da habilidade para escutar se faz também na prática.

Algumas condições necessárias para escutar

Para escutar alguém com atenção é importante ter presentes alguns fatores que podem interferir na escuta. São, às vezes, detalhes que se não forem observados, poderão prejudicar a relação e comprometer a escuta verdadeira. Vejamos alguns desses fatores.

Ambiente físico

O lugar físico (sala) onde se dá a escuta deve favorecer a comunicação, garantir a privacidade e a segurança, além de permitir um certo conforto e acolhimento. É bom lembrar que o ambiente nunca é neutro em termos de comunicação. Ele emite mensagens de interesse ou descuido, de acolhimento ou rejeição, de segurança ou ameaça. Essas mensagens não-verbais são as primeiras que enviamos à pessoa, que as capta intuitivamente e reage a elas.

Tempo

No serviço de escuta, é importante que se tenha um horário para estar inteiramente disponível para ouvir alguém. Em torno de 45 minutos até 1 hora de duração é um tempo razoavelmente bom. Além disso, os assuntos começam a se repetir e o cansaço pode aparecer. Esse tempo é suficiente para um desabafo. Raramente é necessário mais que isso.

Condições pessoais

É preciso levar em conta também as condições pessoais, seja as de quem escuta, seja as de quem é escutado. Essas circunstâncias dizem respeito a aspectos físicos de saúde e/ou doença, intelectuais, capacidade de compreensão e, de modo especial, emocionais. Tudo o que diz respeito às condições físicas e psíquicas, tudo o que trazemos dentro de nós pode influenciar positiva ou negativamente.

É importante que a pessoa que veio para ser ouvida perceba que, naquele momento, o escutador está inteiramente à sua disposição, que ela é o centro das atenções e que o desejo do escutador é o de que o escutado se sinta compreendido, respeitado, ajudado. Esse respeito e compreensão são demonstrados em relação aos seus pensamentos e sentimentos.

Comunicamos essa atitude de acolhida e disponibilidade pela nossa postura corporal, contato visual, fisionomia receptiva, concentração naquilo que a pessoa comunica, evitando outras atividades simultâneas, como, por exemplo, mexer com objetos, fumar, olhar para o relógio etc. Assentimentos com a cabeça podem indicar que o escutador está atento ao que o outro diz.

7. Observar quem veio para ser escutado

O escutador deve estar atento àquilo que se passa com a pessoa. Perceber suas mensagens não-verbais. Às vezes, a comunicação não-verbal diz mais do que as palavras pronunciadas. Muitas vezes, afirma-se uma coisa com palavras e diz-se o contrário com gestos. Nesse sentido, o gesto revela mais que as palavras. Nele, está o significado subjetivo que a pessoa dá ao que está dizendo.

Observar também o modo como a pessoa se apresenta: aparência, gestos, movimentos, expressões fisionômicas, postura, estado de humor, tiques etc. Por meio disso, pode-se inferir situações existenciais pelas quais a pessoa está passando, mas que não sabe expressar em palavras, ou das quais tem pouca consciência. São sentimentos, emoções etc. Essas indicações permitem compreender e conhecer melhor o sujeito. É necessário ser prudente, nem sempre convém comunicar essas observações à pessoa. Podem inibi-la ou preocupá-la demais, fazendo que perca a espontaneidade.

8. Outras condições para a escuta

O escutador precisa treinar-se no exercício da escuta, tarefa que não é muito simples. Escutar exige uma atitude de empatia profunda. É a atitude de Jesus quando ele tinha compaixão das pessoas que o procuravam. Ter compaixão é entrar na dor do outro sem assumi-la para si, mas impregná-la de compreensão. É "sofrer" com o outro sem perder o sentido da realidade. *Escutar é como ouvir uma canção, em que letra e música formam uma unidade e expressam um significado em seu conjunto.* Há algo que é dito — conteúdo verbal, as palavras expressas — e há a música que o acompanha — o modo como as coisas estão sendo ditas em termos de entonação de voz, altura, timbre, ritmo das palavras, intensidade, respiração, silêncio, pausas, sentimentos expressos e não-expressos etc. Tudo isso compõe a canção.

A fala de uma pessoa é quase sempre expressa em dois níveis: a *mensagem explícita* e a *mensagem implícita.*

• *Mensagem explícita:* é a comunicação intencional, o que a pessoa está querendo transmitir, o que ela diz com as palavras.

• *Mensagem implícita:* é a comunicação não intencional, consciente ou inconsciente. No fundo, é a verdadeira mensagem que está escondida atrás das palavras e que, por alguma razão, alguém não quer ou não pode comunicar diretamente. Escutar é perceber a mensagem escondida, isto é, aquela que não é dita abertamente, a que é apenas sugerida.

Escutar "inclui o esforço de perceber o que não está sendo dito, o que apenas é sugerido, o que está oculto, o que está abaixo ou acima da superfície. Ouvimos com nossos ouvidos, mas escutamos também com nossos olhos, coração, mente e vísceras".[1]

Para testar se estamos aprendendo a ouvir, faça o seguinte:

Se durante a "conversa" você puder dizer com suas próprias palavras o que o escutado disse, e dizer a ele com suas palavras os sentimentos que ele expressou e, então, ele aceitar tudo isso como emanado dele, existe uma grande possibilidade de que você o tenha ouvido e compreendido.[2]

É preciso estar atento quando se ouve

Quando se escuta alguém, não basta ouvir as palavras que a pessoa diz. É preciso estar atento a outros detalhes que estão presentes na conversa.

Benjamin[3] sugere alguns objetivos para o ouvir:

1. Como o escutado pensa e se sente em relação a si mesmo; como ele se percebe.

2. O que ele sente e pensa sobre os outros em seu mundo, especialmente aqueles que lhe são importantes; o que ele pensa e sente em relação às pessoas em geral.

3. Como ele percebe os outros relacionados consigo; como, em sua opinião, os outros pensam e sentem a seu respeito, especialmente aqueles que são importantes em sua vida.

---

[1] BENJAMIN, A. *A entrevista de ajuda.* São Paulo, Martins Fontes, 1991. p. 68.

[2] Idem, pp. 68-69.

[3] Idem, p. 70.

4. Como percebe o material que ele, o escutador, ou ambos desejam conversar; o que pensa e como se sente sobre o que está envolvido.

5. Quais são suas aspirações, ambições e objetivos.

6. Que mecanismos de defesa emprega.

7. Que mecanismos de enfrentamento usa ou é capaz de usar.

8. Quais são seus valores; qual é sua filosofia de vida.

Comportamentos que facilitam o escutar

• *Ficar calado:* a relação falar–escutar é uma questão de espaço. Se ocupo o espaço falando, tiro a oportunidade de o outro falar. O espaço maior pertence à pessoa a ser escutada. Se o escutador tende a falar tanto ou mais que ela, é muito provável que esteja bloqueando a comunicação.

• *Não interromper:* deixar a pessoa terminar de dizer o que está falando e não finalizar por ela, ou já dar uma resposta. (Não usar expressões como: "Ah! Já sei o que você quer dizer", e responder pela pessoa.) Deixe que ela diga do modo que sabe. Se a pessoa se calar, o escutador não deve intervir logo; ela pode estar precisando de um pouco mais de tempo para pensar. A intervenção poderá ser feita depois que ela tiver concluído e manifestado seu modo de perceber sua experiência ou a realidade. Quando houver distorções, então o escutador poderá ajudar a pessoa a ver melhor.

Para que a escuta se desenvolva num clima favorável, é importante estar atento a outras duas condições:

• *Evitar distrações externas:* eliminar ao máximo quaisquer estímulos visuais (figuras, cartazes, quadros, televisão etc.) e auditivos (músicas, rádio, cantos, falatórios, celular).

• *Evitar distrações internas:* uma das principais distrações internas é a preocupação conosco mesmo, com o nosso papel. À medida que a conversa se processa, nós nos interrogamos sobre o que dizer ou fazer em seguida. Estamos mais preocupados com a impressão que vamos causar do que em realmente escutar e entender o outro. Outras distrações internas podem ser de ordem *física* (sono, cansaço, fome, mal-estar, febre, dores...) ou *emocional* (dificuldades e problemas pessoais). É importante termos consciência de que não somos semideuses, e há momentos em que não podemos atender os outros antes de atender a nós mesmos.

Saber intervir

Cencini nos diz que "Escutar não é um fim em si mesmo, nem se esgota na simples disponibilidade para acolher o outro. Seu objetivo é a reelaboração daquilo que foi acolhido".[4] Ele define a reelaboração como

> o processo através do qual o escutador procura estabelecer uma relação com a realidade total do outro, com aquilo que este é e com aquilo que pretende ser, com o que disse de si e com o que não disse, com a sua parte consciente e com a inconsciente, com o seu bem aparente e com o seu bem real, com a sua história de homem, de crente, etc.; e essa totalidade o escutador a considera à luz da maturidade humana, com seus critérios e leis, e da maturidade espiritual [...], para captar o que Deus pede a *esse homem/mulher* para a realização da totalidade plena do seu ser.[5]

Como ajudar a pessoa a elaborar seu material? Podemos citar aqui algumas maneiras de ajudá-la a fazer isso, pela *reformulação simples*, pela *reformulação do quadro perceptivo* e pela *reformulação do quadro interpretativo*.

---

[4] CENCINI, A. *Vida consagrada*. Itinerário formativo no caminho de Emaús. São Paulo, Paulus, 1994. p. 111.

[5] Idem, pp. 65-66.

Reformulação simples

A reformulação simples consiste em verbalizar com clareza o que conseguimos captar da comunicação intencional, verbal e não-verbal, da pessoa. Esse tipo de intervenção dá a ela a segurança de estar sendo escutada e compreendida, e a estimula a prosseguir na sua exposição e na exploração de si mesma. Além disso, o próprio escutador pode, com isso, constantemente verificar se captou fielmente aquilo que lhe foi comunicado. A reformulação simples pode apresentar várias formas: a *reiteração* (ou repetição), o *esclarecimento* (ou elucidação) e a *reflexão de atitudes e sentimentos*.

• *Reiteração:* é a forma mais elementar da reformulação e envolve o conteúdo evidente da comunicação recebida. É usada quando o relato é claro; normalmente é sintética e formulada com poucas palavras. Pode ser feita de várias formas, mas o fundamento é o mesmo: servir de eco, permitir à pessoa ouvir o que disse, partindo do pressuposto de que isso pode ajudá-la e encorajá-la a continuar falando, examinando, observando com mais profundidade. Uma primeira forma de reiteração é a *resposta-eco* que consiste apenas no gesto de assentimento com a cabeça, em emitir algum monossílabo, na repetição das últimas palavras de uma frase ou na repetição exata do que foi dito (ou mudando apenas o pronome). Uma segunda forma de reiteração é a *repetição de parte* do que foi dito, aquela que o escutador percebe ser a mais importante e que vale a pena ser ouvida novamente pela pessoa. Uma terceira forma de reiteração é a *repetição resumida* do que a pessoa falou. Trata-se de um processo seletivo. O escutador procura selecionar e "traduzir" — com termos incisivos e concretos — o que é percebido como essencial na experiência comunicada por ela, por meio de formatos do tipo: "em outras palavras"; "se entendi bem"; "você está me dizendo que"; "parece-me, então, que o mais importante".

• *Esclarecimento:* nessa forma de reformulação, o escutador esclarece o conteúdo que a pessoa apresentou talvez de maneira não muito clara. O escutador permanece muito próximo do que ela expressou, mas simplifica o que foi dito para torná-lo mais claro, buscando o esclarecimento com frases como: "talvez queira me dizer" ou "você parece estar dizendo que". Ele pode também fazer perguntas ou afirmações que convidam a própria pessoa a expressar novamente, e com mais clareza, o que acabou de falar.

• *Reflexão de atitudes e sentimentos:* na reformulação por reflexão, o escutador verbaliza o que a pessoa sente. A reflexão consiste em trazer à superfície e expressar em palavras aqueles sentimentos e atitudes que ficaram por trás das palavras. O escutador faz eco aos sentimentos não-verbalizados, mas presentes à consciência da pessoa, e claramente percebidos por ele a partir do que a própria pessoa afirmou ou expressou usando os formatos: "você está se sentindo"; "você está se sentindo assim porque [...] você se sente [...] toda vez que [...]"; "diante de [...] você se sente [...]"; "quando acontece [...] você se sente [...]".

Reformulação do quadro perceptivo

A reformulação do campo perceptivo tem como objetivo ajudar a pessoa a esclarecer e explicitar seu modo de perceber o objeto sobre o qual está falando, por exemplo, uma situação crítica, uma dificuldade interpessoal, um problema de relacionamento etc., e o seu papel nele, reações acerca de sentimentos, atitudes, comportamentos, expectativas, responsabilidade etc.

A reformulação do campo perceptivo dirige a atenção sobre algo que a pessoa poderia dizer, mas não diz; vai além do que ela expressou, mas não apresenta conteúdos que não estejam já dentro de seu campo perceptivo. Dois tipos de intervenção são úteis para ajudar a reformular o campo perceptivo: o *esclarecimento dinâmico* e a *confrontação*, sendo esta uma intervenção que já prepara e introduz a reformulação do quadro interpretativo.

• *Esclarecimento dinâmico:* pode-se apresentar de várias formas, que vão desde perguntas-observações mais superficiais a perguntas-observações mais profundas, dinâmicas. Com essa intervenção, o escutador quer focalizar algum aspecto específico da comunicação que percebe importante, ou até central, mas que dentro do relato da pessoa passa quase despercebido ou fica muito vago e confuso. Para isso são úteis perguntas ou afirmações que convidam a pessoa a uma ulterior atenção sobre um ponto que relatou, e que, portanto, implicitamente sugerem a possível importância desse aspecto.

O esclarecimento dinâmico visa também a dirigir a atenção da pessoa àquelas partes de informação não claramente expressas em sua comunicação. Às vezes, faltam os fatos: há pessoas que falam em termos gerais, abstratos, ou expressam impressões globais. Nesse caso podem ser postas perguntas que, usando algumas variáveis situacionais (quem, o que, onde, quando, como), exploraram mais a situação. Outras vezes são os sentimentos que faltam: a pessoa relata os fatos de maneira detalhada e precisa, mas "asséptica", isto é, esvaziando-os de seu conteúdo afetivo, emocional. Nesse caso, o objetivo do esclarecimento é o de ajudá-la a entrar em contato com sua realidade afetiva, os sentimentos presentes, sua intensidade, como está lidando com eles. Outras vezes não aparece claro como ela se coloca diante do que está relatando, como percebe seus valores, que esforço está disposta a fazer em relação a eles. Aqui é útil ajudá-la a explicitar seu pensamento a respeito, sondar sua decisão, o que quer fazer e ser e de que maneira.

• *Confrontação:* aqui o escutador procura levar a pessoa a perceber a presença de elementos contraditórios no que está relatando. Normalmente se usa a confrontação quando há uma defesa em atuação e se começa a partir das próprias palavras usadas pela pessoa, as que mais revelam a contradição. Um tipo comum de confrontação é mostrar a discrepância entre o que a pessoa está dizendo e seu comportamento. Outro tipo de confrontação tem como objetivo evidenciar a incoerência entre o comportamento da pessoa e os valores que proclama ou sua opção de vida. Ainda, a confrontação pode ressaltar a presença de comportamentos contraditórios em situações diferentes ou diante de pessoas diferentes.

Reformulação do quadro interpretativo

A reformulação do quadro interpretativo quer fazer emergir "os dinamismos de fundo do comportamento: a atitude, a intenção, a opção de fundo".[6] Trata-se de buscar, com a pessoa, a motivação que está por trás de suas ações (o porquê) e avaliá-la à luz dos valores de suas convicções.

Para a reformulação do quadro interpretativo é fundamental perceber em que âmbito se situa o problema, para poder intervir com perguntas, questionamentos e intervenções interpretativas adequadas.

A pessoa pode não estar reconhecendo seus sentimentos, seus preconceitos com relação a si mesma e aos outros, suas carências e motivações mais infantis, suas contradições existenciais. Reformular o quadro interpretativo significa, nesse caso, ajudá-la a se conhecer de maneira realista, a tomar consciência das próprias áreas afetivas não-livres.

O problema pode se situar também no âmbito da auto-aceitação: a pessoa reconhece elementos de motivação mais infantis em suas escolhas, reconhece suas emoções e sentimentos, mas não aceita a presença deles em sua vida. Há pelo menos três concepções erradas por trás dessa não-aceitação: a crença de que é dona do que sente, a concepção de que ter sentimentos seja errado e a convicção de que o sentir já equivale a ter feito. Para reformular o quadro interpretativo, nesse caso, é necessário auxiliá-la a descobrir seus preconceitos, como, por exemplo, que ela deveria ser perfeita, sem sentimentos ou limites.

---

[6] CENCINI, A. Op. cit., p. 113.

A pessoa pode estar tendo dificuldade de controlar suas emoções, suas inconsistências e motivações mais infantis. Aceitar a própria vulnerabilidade e os próprios sentimentos não significa deixar-se determinar por eles; sentir é diferente de consentir. Por trás de uma expressão sem controle das próprias emoções e desejos há um erro muito comum que entende que tudo o que alguém "sente" deve fazer, porque é algo dele e ele tem o direito de agir segundo seus sentimentos. Ou a pessoa pode até controlar suas emoções, mas faz isso por puro voluntarismo. É necessário, portanto, ajudá-la a se questionar: "O que faz com o que sente?"; "Na sua maneira de lidar com as emoções, leva em conta os princípios orientadores da vida ou não?"; "Está disposta a pagar o preço que isso envolve, dando um significado positivo à fadiga e à renúncia que acompanham suas opções de vida?"; "Sabe unificar a própria realidade psicoafetiva em torno de suas opções vitais?".[7]

Para a reformulação do quadro interpretativo é necessário levar em conta alguns princípios gerais:

a) as interpretações devem ser oferecidas no momento mais oportuno, quando a pessoa está pronta para recebê-las e apta a compreendê-las;

b) é importante encorajar a participação ativa da pessoa no processo de interpretação para que aumente nela o senso de ter as condições de gerar a própria autocompreensão e ser responsável pela própria vida e caminhada;

c) as interpretações devem ser apresentadas em forma de possibilidade ou probabilidade, não de certezas ("é como se"; "talvez"; "pode ser que"; "parece-me que"; "será que";

---

[7] RUBIO, A. G. *Nova evangelização e maturidade afetiva.* São Paulo, Paulinas, 1993. p. 85.

d) o escutador deve verificar o *feedback* da interpretação para julgar se sua eficácia é aceita, entendida e usada.

Promover a responsabilidade pessoal e estimular o empenho

Depois que a pessoa tomou consciência de suas motivações com relação à situação relatada, o escutador a estimula a assumir sua responsabilidade pela própria vida, de modo especial ajudando-a a perceber se seus valores são satisfatórios para dar sentido ou necessita encontrar outros de significado mais pleno e profundo que lhe garantam um sentido maior, mais duradouro. Descobrir ou ter um sentido para a vida é fundamental para uma vida integrada. O sentido da vida não pode ser redutivo, isto é, permanecer naquilo que "as mãos podem pegar"; precisa ser maior, ir um pouco além dos horizontes puramente humanos. Se não sabemos para que e por que vivemos, ficamos sem rumo e aquilo que acontece em nossa vida fica sem explicação plausível. Ajudar o sujeito a descobrir uma razão maior para viver permite que ele encontre mais facilmente uma saída para seus problemas pessoais (emocionais, psicossomáticos, inter-relacionais). O escutador pode contribuir fazendo perguntas de avaliação e questionamento, recordando as opções de vida, os valores ou mesmo a falta deles, promovendo a responsabilidade pessoal e dando orientações sobre possíveis conseqüências de algumas escolhas.

9. Como utilizar as perguntas

Para favorecer a participação ativa da pessoa no processo de escuta, o instrumento privilegiado é a pergunta. A pergunta favorece a reflexão da pessoa, dirigindo sua atenção para aspectos deixados na sombra e potencialmente importantes para a compreensão do que está acontecendo ou para possíveis decisões a serem tomadas.

"Mas se a pergunta é o instrumento privilegiado da conversa, é também um instrumento que pode ser usado indiscriminadamente ou de maneira errada, dificultando dessa maneira o progresso e a própria comunicação."[8] O instrumento da pergunta, se não é corretamente usado, pode introduzir um modelo de conversa "pergunta–resposta" que não ajuda a pessoa a descobrir mais sobre si mesma, fazendo-a perder a oportunidade de crescer. Por isso não é qualquer pergunta que serve. É necessário examinar a conveniência de fazê-la. Há várias maneiras de formular perguntas. Vejamos alguns tipos.

Perguntas abertas/perguntas fechadas

A *pergunta aberta* é ampla, permitindo à pessoa várias opções de resposta, dando-lhe mais possibilidades de se expressar livremente. Ela convida a pessoa a ampliar seu campo perceptivo, dando espaço à expressão de seus pensamentos e sentimentos, concepções e desejos.

A *pergunta fechada* é restrita, limitando a pessoa a uma resposta específica, que exige apenas fatos objetivos. A pergunta fechada restringe o campo perceptivo, leva a pessoa para uma direção determinada e inibe a possibilidade de se expressar de maneira livre.

Alguns exemplos:

— "Seu pai era uma pessoa autoritária?" (pergunta fechada).

— "Que tipo de pessoa era seu pai?" ou "Poderia me falar de seu pai?" (pergunta aberta).

— "Sentiu raiva quando a pessoa lhe disse isso?" (pergunta fechada).

---

[8] BENJAMIN, A. Op. cit., p. 87.

— "Como você se sentiu quando essa pessoa lhe disse isso?" (pergunta aberta).

— "Está gostando do emprego onde está trabalhando?" (pergunta fechada).

— "Como se sente em relação a seu emprego?" (pergunta aberta).

Há um tipo de pergunta fechada que é ainda mais restrita, porque já inclui a resposta: é a *pergunta retórica*, em que não há nenhuma alternativa para a resposta dada ou sugerida pela própria pergunta. Por exemplo: "O trabalho que está fazendo é realmente muito bom. Deve estar gostando muito, não é?" ou "Está perfeitamente claro que seu colega se sentiu magoado depois do que você disse, não acha?".

Às vezes, nas perguntas que exigem somente uma resposta, há também uma certa cobrança moral: "Você não sentia realmente o que falou sobre seu pai, sentia?" ou "Você não teve intenção de fazer isso, teve?".

Perguntas diretas/perguntas indiretas

As *perguntas diretas* são interrogações precisas, explícitas. As *perguntas indiretas* questionam sem parecer fazê-lo. A formulação indireta torna a pergunta ainda mais aberta porque tende a deixar o campo completamente livre para a pessoa. Essas perguntas aparecem sem um ponto de interrogação no final e são formuladas em forma de afirmações, observações, suposições e imaginações. Nem sempre se parecem com perguntas, embora na verdade demonstrem interesse. Por exemplo:

— "Como se sentiu quando o professor chamou a sua atenção na frente de todo mundo?" (pergunta direta).

— "Estou tentando imaginar como deve ter se sentido quando o professor chamou a sua atenção na frente de todo mundo" (pergunta indireta).

— "De quais aspectos você gostava mais em sua mãe?" (pergunta direta).

— "Imagino que havia em sua mãe alguns aspectos de que você gostava mais" (pergunta indireta).

— "Como é o relacionamento com seu chefe?" (pergunta direta).

— "Até agora me falou bastante do trabalho de seu chefe, das atividades e dos gostos dele, mas ainda não tocou em seu relacionamento com ele" (pergunta indireta).

— "Já faz um tempo que você participa disso. O que é que está achando?" (pergunta direta).

— "Já faz um tempo que participa disso. Você deve ter muitas opiniões a respeito" (pergunta indireta).

Quanto menos perguntas diretas forem feitas, maior a probabilidade de não criar um clima de interrogatório, deixando a pessoa mais à vontade.

Perguntas duplas/perguntas múltiplas

As *perguntas duplas* são aquelas que fazem dois questionamentos ao mesmo tempo. Há perguntas duplas do tipo ou/ou e do tipo cumulativo; em ambos os casos, não têm utilidade em um encontro de escuta. As primeiras, porque limitam a pessoa a uma de duas alternativas; as segundas, porque criam confusão e dispersam a atenção. Por exemplo:

— "Quando o seu colega falou aquilo, você se sentiu desanimado ou magoado?"; "Prefere assistir à TV ou passear?"; "Você prefere morar com sua mãe ou com seu pai?" (perguntas duplas do tipo ou/ou).

— "Como vai indo seu irmão no colégio e como está indo o novo emprego de sua irmã?"; "O povo está gostando do novo governo, e você? Acha que ele vai cumprir suas promessas de campanha?" (perguntas duplas do tipo cumulativo).

As *perguntas múltiplas* são um tipo de interrogatório em que a pessoa é assaltada por uma série de questionamentos feitos seqüencialmente, sem que haja tempo e espaço para responder. Essas perguntas múltiplas são um verdadeiro "bombardeio"; seu ritmo é tão intenso que a pessoa escutada não consegue acompanhar o que está sendo dito nem se expressar completamente. Elas criam muita confusão e dispersão na comunicação.

Para serem eficazes, as perguntas devem ser únicas, e não duplas ou múltiplas, e devem ser enunciadas com a maior brevidade possível, mesmo sendo claras e inteligíveis.

Perguntas explorativas

As *perguntas explorativas* são aquelas que estimulam o processo de introspecção da pessoa e a ajudam a descobrir a motivação de suas ações ou reações com relação às situações relatadas.

Normalmente a expressão mais usada nesse sentido é "por que". Quando bem empregada, na situação e no momento apropriados, é útil para buscar as causas e a explicação de um dado comportamento. Mas se usada de maneira imprópria, com excessiva freqüência ou não dosando bem o momento e o tom da colocação, pode soar como reprovação e censura. Nesse caso, a pessoa, ao sentir-se ameaçada, pode achar necessário defender-se ou atacar. Para evitar uma utilização não apropriada do "por que", pode ser útil lembrar que chegamos à interpretação das motivações somente após um paciente — e às vezes demorado — trabalho de conhecimento e compreensão sempre mais profundo da pessoa.

Há muitas perguntas exploratórias que, habitualmente, precedem o uso do "por que": são todas aquelas perguntas que ajudam a esclarecer o fato que a pessoa vem expressando e seu significado dentro da sua percepção — sentimentos, pensamentos, desejos, decisões. São também as perguntas de confrontação que questionam as contradições presentes, que colocam em discussão as respostas estereotipadas e formais e que estimulam soluções mais personalizadas. É possível substituir o "por que" por outras expressões que são mais indicadas para estimular a curiosidade da pessoa no processo de autoconhecimento: "Seria interessante descobrir o que foi que levou você a [...]"; "Quem sabe por que quando [...]"; "Você reage assim [...]"; "Estou tentando entender o que é que leva você a [...]"; "Já pensou o que poderia estar levando você a reagir assim?"; "Quando [...]?".

O silêncio na comunicação

Uma das tarefas que freqüentemente tornam mais ansioso o escutador inexperiente é lidar com os momentos de silêncio dentro da conversa. Com o tempo, ele aprende a diferenciar os tipos de silêncio, a entender seus possíveis significados, a avaliar e reagir diante de cada um de maneira diferente.

Há silêncios que estão ligados à relação da pessoa consigo mesma. Nos primeiros contatos, por exemplo, pode ser que ela não saiba bem o que dizer nem como começar: o escutador pode estimulá-la a expor o motivo que a levou a procurar ajuda, enviando-lhe a mensagem de que pode começar de onde achar melhor e que tudo o que disser será acolhido.

Outras vezes, o silêncio expressa a necessidade de a pessoa organizar seus pensamentos e sentimentos ou de ficar sozinha consigo mesma para entender melhor o que está se passando em seu interior. O respeito a esse silêncio é mais benéfico que muitas palavras. Quando estiver preparada, ela continuará. Caso esse silêncio se prolongue, pode-se fazer alguma breve observação para ajudá-la a prosseguir. Às vezes, a pessoa fica em silêncio quando experimenta sentimentos muito intensos que não consegue traduzir em palavras e prefere calar-se ou expressar-se de outra forma — chorando, por exemplo. Também, nesse caso, o escutador pode fazer alguma rápida observação que transmita mensagens de respeito e aceitação. Por exemplo: "Percebo que está emocionada, sinta-se livre para refletir sobre o que está acontecendo com você".

Há outros silêncios que estão ligados à relação da pessoa com o próprio escutador. Ela pode estar muito tensa e com medo do escutador; sobretudo, no começo, pode não ter inteira confiança ou ter medo da reação diante de seu relato. Em outros momentos, pode se sentir envergonhada de sua própria experiência e de sua pessoa e isso a leva a ter dificuldade de prosseguir e se abrir, preocupada com o julgamento do escutador, com o que o ele vai pensar dela.

O silêncio pode ser de resistência: a pessoa está com raiva do escutador ou está testando-o. É necessário saber captar, em cada momento da escuta, a comunicação não-verbal e as emoções que ela está vivendo, e aproveitar a oportunidade para ajudá-la a trabalhar essas emoções dentro do relacionamento com o escutador, tendo em vista o crescimento dela.

Há um tipo de silêncio de reelaboração que prepara o crescimento da pessoa e que se apresenta como um momento precioso dentro do caminho de conversão. Como eficazmente afirma Bloy, "Há lugares no nosso coração que não existem ainda; é preciso que o sofrimento penetre nele para que passem a existir".[9] Nesses momentos de profundo e sofrido envolvimento emocional, o escutador deve saber respeitar o silêncio, não ter pressa em dar respostas, deixar à pessoa o tempo necessário para elaborar novas

---

[9] Citado por CENCINI, A. Op. cit., p. 115.

compreensões e preparar opções diferentes, sem querer substituí-la no processo de crescimento.

10. *Outras formas de comunicação e seus efeitos*[10]

As formas de comunicação podem ser usadas em qualquer tipo de relacionamento e também no campo da escuta. Algumas delas são nocivas para o processo de escuta e constituem um verdadeiro bloqueio à comunicação. Seu uso excessivo acarreta conseqüências indesejáveis às pessoas. Outras podem representar, temporariamente, a única ajuda a ser oferecida. Várias formas de comunicação podem produzir efeitos positivos em determinadas situações, desde que sejam usadas corretamente e no momento oportuno. Também temos de lembrar que a comunicação se coloca dentro de um contexto mais abrangente e é somente esse contexto que pode dar, a qualquer forma de comunicação, seu significado e valor.

Impor e dar ordens

É a forma mais explícita de autoritarismo. O escutador ordena à pessoa o que tem de fazer ou o que não pode fazer, com base no pressuposto de que ajudar significa induzir a se comportar de maneira correta e que nisso a pessoa precisa ser conduzida por uma mão firme.

Um dos efeitos negativos mais comuns que esse tipo de intervenção acarreta é a complacência: a pessoa acaba cumprindo o que o escutador manda, mas movida pelo medo, e não por convicção pessoal ou por real compreensão das motivações do comportamento exigido. A pessoa se sente privada de seu espaço de autonomia e desconsiderada em sua capacidade de

---

[10] Algumas colocações são da apostila "Acompanhamento pastoral", organizada por Anna Maria Oppo, com adaptações feitas pelo autor.

refletir e escolher. O excesso de ordens favorece a resistência e a hostilidade e leva, às vezes, à rebeldia aberta. Outras vezes, por causa do medo, a pessoa pode não expressar sua agressividade abertamente mas encontra outros canais para expressá-la de forma passiva e indireta. Se for realmente necessário dar alguma "ordem" para prevenir um mal maior, então se deve fazê-lo no momento oportuno e quando há razões objetivas que motivem isso, sempre evitando dar ordens secamente, de maneira arbitrária e só depois que a importância do comportamento exigido foi mostrada e explicada de forma clara. Também é pedagogicamente mais útil dar ordens positivas em vez de ordens negativas.

Persuadir

O motivo principal dessa forma de comunicação é convencer o outro a mudar de idéia ou de comportamento por meio da argumentação lógica. A persuasão pode funcionar quando atinge uma fonte de motivação importante para a pessoa. Ela também é eficaz quando não há sentimentos muito fortes envolvidos. No entanto, quando há um núcleo emocional intenso na base de uma conduta qualquer, a persuasão é absolutamente ineficaz porque só atinge o âmbito intelectual, de raciocínio, e nem sequer toca no núcleo emocional responsável pelas dificuldades. Numa situação como essa, só a referência direta aos sentimentos pode de fato ajudar a pessoa a entender mais claramente o que se passa com ela e eventualmente possibilitar a mudança de comportamento. Se transmitirmos à pessoa que compreendemos o que sente, torna-se mais fácil para ela entender e aceitar a argumentação.

Há duas formas de persuasão que são altamente negativas: a *pressão* e a *ameaça*.

A *pressão* é uma forma de persuasão intensa e insistente, verbal ou afetiva, por meio da qual o escutador quer convencer a pessoa a impulsioná-la a agir conforme o comportamento considerado mais desejável.

Com o emprego da *ameaça*, o escutador adverte a pessoa das conseqüências que a esperam se persistir no comportamento errado. As ameaças que envolvem abandono ou perda de afeto — chantagem emocional — são particularmente nocivas, sobretudo quando dirigidas a sujeitos muito jovens. Esse tipo de persuasão não só compromete a sensação de segurança e estabilidade do relacionamento, mas também favorece os sentimentos de insegurança, desvalorização e não-amabilidade.

Mais do que com a persuasão, o escutador favorece o crescimento da pessoa quando, dentro de um clima de aceitação e diálogo, dá explicações e razões do porquê está pedindo um certo comportamento ou atitude, e faz isso estimulando o envolvimento dela na compreensão das motivações. O escutador estimula a consideração dos elementos envolvidos na situação, a atenção às motivações do comportamento atual, às possíveis conseqüências daquele comportamento para a própria pessoa e para os outros, às alternativas que podem ser consideradas etc. Essas intervenções favorecem vários elementos: alimentam a imagem do escutador como autoridade racional e não arbitrária, fornecem à pessoa os recursos cognitivos necessários para entender, controlar e melhorar o próprio comportamento; dão motivos razoáveis para agir; favorecem a autocrítica; reforçam a justa auto-estima da pessoa porque levam em conta sua competência e responsabilidade.

Aconselhar e dar sugestões

Freqüentemente, sentimos muita vontade de incentivar, estimular, orientar as pessoas a fazerem o que achamos melhor para elas. Os conselhos podem ser úteis ou inúteis, dependendo do tipo, do momento em que são dados, da atitude de quem os dá, da expectativa de quem os recebe e da possibilidade de colocá-los em prática. Tendemos a dar conselhos muito mais do que percebemos e do que é necessário. Isso pode interromper prematuramente o processo da pessoa na busca e na decisão do que é melhor para si.

Há situações em que a própria pessoa que procura ajuda solicita um conselho. Nesse caso, o primeiro passo é não satisfazer imediatamente a solicitação, mas ajudá-la a verbalizar o que ela sente com relação à situação sobre a qual deseja conselho e que soluções ela mesma pensou. Esse primeiro passo é importante porque algumas pessoas mais dependentes se acham incapazes de escolher sem o conselho e o apoio de alguém; nesse caso, é provável que o conselho do escutador não ajude a pessoa, mas sirva apenas para reforçar sua dependência e auto-imagem negativa. Às vezes, somente essa ajuda que estimula a própria pessoa a analisar melhor a situação e dar respostas pessoais é suficiente para que ela chegue a uma decisão. Outras vezes um ligeiro esclarecimento da parte do escutador levará a resultados positivos. Mesmo no caso de a pessoa não chegar à sua própria solução, é importante promover sua participação nesse processo de busca, de modo que o conselho, se dado, seja significativo para ela. Ninguém se beneficia com conselhos a menos que tenham significado.

Os conselhos costumam ser ineficazes quando há sentimentos muito intensos com os quais a pessoa não consegue lidar. Ela sabe o que seria melhor fazer, mas não consegue colocar isso em prática por timidez, medo, insegurança ou ansiedade. Nesse caso, melhor que dar conselhos é auxiliá-la a tomar consciência dos sentimentos que estão em jogo, para depois ver como pode lidar com eles. O conselho é útil quando oferecido como alternativa na qual a pessoa talvez ainda não tivesse pensado.

Exortar ("dar sermão")

Trata-se da exortação insistente, mistura de aconselhamento e persuasão, reforçada por um forte componente afetivo e paternalístico que a torna uma pressão moral sobre a pessoa. Tipicamente, esses "sermões", ou lições de moral, são apresentados de forma tão generalizada e estereotipada que não há oportunidade de sintonizar com os sentimentos da pessoa. Por tentarem impor alguma coisa de fora para dentro, sem levar em consideração o que está se passando com a pessoa, eles ensinam muito pouco e facilmente provocam resistência e irritação. A longo prazo, um dos efeitos do uso excessivo dos sermões é o desenvolvimento de sentimentos de culpa e inadequação.

No entanto, é importante, em muitas ocasiões, transmitir princípios morais e valores. Mas os sermões e as lições de moral, estereotipados, abstratos e apresentados com tom de superioridade, não facilitam a compreensão e a acolhida desses princípios. É mais concreto e inteligível examinar a situação vivida pela pessoa, sintonizando-a com seus sentimentos e razões e, ao mesmo tempo, apresentando o valor como concretização e resposta às suas aspirações mais profundas.

Criticar e ridicularizar

Muitas vezes, critica-se na esperança de modificar os comportamentos e os sentimentos das pessoas. Em geral, quando alguém sente raiva diante de uma conduta, a reação automática é criticar ou até mesmo ofender. Algumas vezes, a crítica se faz por meio de comparações; outras, ridicularizando ou ironizando. Um dos efeitos mais nocivos do excesso de crítica é a influência negativa sobre a auto-imagem. Também a atitude de ridicularizar traz efeitos ruins nesse sentido, pois rotula determinadas características e, geralmente, atinge pontos muito vulneráveis. É uma forma de desvalorização que contribui para intensificar os sentimentos de inferioridade, humilhação e revolta.

Negar percepções e consolar

Com esse tipo de intervenção, o escutador desmente ou minimiza a percepção da pessoa com relação a uma determinada situação, com base na suposição de que seja errada e de que ele pode detectar e apresentar uma visão não distorcida e mais objetiva. Normalmente a principal intenção dessa forma de comunicação é aliviar o sofrimento da pessoa e encorajá-la, mostrando-lhe que as coisas não são tão ruins como ela descreve. Dessa forma, busca convencê-la de que sua percepção não é verdadeira. Tenta, assim, anular ou reduzir a intensidade dos sentimentos presentes usando "frases feitas", como: "Não se preocupe, isso é perfeitamente normal"; "A vida é assim mesmo"; "Não é possível sentir raiva por uma coisa tão pequena"; "Não esquente a cabeça por tão pouco"; "Você é uma pessoa forte, não pode estar sentindo medo"; "Você está fazendo tempestade em copo d'água".

Essas mensagens contêm uma implícita desvalorização do problema da pessoa e de seu pedido de ajuda; são uma forma de passar por cima dos seus sentimentos tentando apressadamente abafá-los. De fato, são lidas como: "O seu problema não é importante, é como o de tantos outros". Por isso, não dão apoio verdadeiro, mas bloqueiam a comunicação e fazem que a pessoa se sinta incompreendida e menosprezada.

Só acreditando na percepção da pessoa, sem tentar convencê-la do contrário, é que se pode compreendê-la e ajudá-la. Nesse sentido, são mais úteis as intervenções que frisem as circunstâncias em que ela se sentiu de um determinado modo: "Entendo que naquela circunstância tenha sentido [...]"; "Compreendo que ao perceber a situação dessa maneira tenha reagido assim".

É necessário, entretanto, diferenciar negar percepções de corrigir percepções. De fato, às vezes, a percepção da pessoa não corresponde à realidade objetiva ou é desproporcional à situação relatada. Corrigir significa aceitar que ela esteja tendo determinados sentimentos, acolhê-los como reais, não desacreditá-los e, ao mesmo tempo, passar a mensagem de que as coisas podem ser percebidas também de modo diferente.

Dar exemplos pessoais

Uma tentação que aflora, dentro da escuta, é a de usar exemplos e experiências pessoais para ajudar alguém a entender e resolver uma situação que está vivendo. Essa intervenção aparece como uma demonstração de compreensão: "Eu também vivi uma situação semelhante". Na realidade, não leva em conta que cada acontecimento é irrepetível e que uma experiência que tem significado para uma pessoa não necessariamente o terá para outra. Além disso, a apresentação de exemplos pessoais pode soar como uma desvalorização implícita do problema e da situação única que alguém está vivendo. Um outro limite dessa intervenção é que não promove uma tomada de consciência mais profunda nem uma conseqüente decisão responsável com relação aos fatos narrados.

Encorajar e elogiar

O encorajamento é um tipo de intervenção positiva diante de um passo dado. É uma indicação que diz à pessoa que acreditamos em sua capacidade de agir e superar obstáculos, de enfrentar com êxito a situação e tomar atitudes para concretizar seus ideais. É justo encorajar alguém quando dá um passo; isso lhe dá a percepção de estar no caminho certo e o anima a prosseguir. Não se pode ficar neutro diante de uma pessoa que enxergou o caminho e se esforça para percorrê-lo. O encorajamento leva a um aumento da auto-estima porque transmite a ela que ficamos contentes, gostamos, apreciamos o que foi feito.

No entanto, é importante que o elogio não seja casual ou global, mas relacionado a atos e atitudes concretas que demonstrem um real passo à frente. O elogio à pessoa como um todo pode trazer muitas conseqüências indesejáveis a ela. Esse tipo de elogio faz uma fotografia estática da pessoa; é uma generalização indevida pois ninguém pode ser sempre exemplar, maravilhoso ou bonzinho. Pode-se criar para a pessoa elogiada uma verdadeira prisão pelas expectativas e pelo medo de "cair do pedestal". Quanto mais altas as expectativas, tanto mais difícil será atingi-las. O resultado será frustração e autodesvalorização.

A preocupação em ajustar-se à imagem fixada pelos elogios pode também levar a pessoa a sentir-se culpada, como se estivesse representando um papel falso, para não decepcionar os outros. Outro efeito do excesso de elogio é dificultar o desenvolvimento da capacidade de auto-avaliação: a pessoa pode ficar muito dependente do elogio, como se necessitasse de constantes reafirmações da própria auto-estima.

11. Perguntas para diferentes situações
Esclarecimentos sobre fatos e/ou pensamentos

1. Por exemplo?

2. Que aconteceu? Mais precisamente, que aconteceu?

3. Quando isso (aquilo) aconteceu?

4. Onde aconteceu?

5. Que idade você tinha então?

6. Gostaria de dizer algo mais em relação a isso?

7. Concretamente?

8. Poderia ser mais concreto (específico)?

9. Em que sentido?

10. Poderia descrever mais uma vez?

11. Quantas vezes pensa que isso tenha acontecido? (Algo semelhante?)

12. Por que pensa que isso aconteceu?

13. Quando foi que aconteceu pela última vez?

14. Não entendi bem. Você poderia repetir, por favor?

15. Você está seguro disso?

16. Está seguro de que isso é tudo o que está envolvido nessa questão?

Esclarecimentos sobre sentimentos envolvidos

1. O que está sentindo agora?

2. Como é que se sentiu então? Como se sentiu quando isso aconteceu?

3. Nunca teve sentimentos semelhantes em outras ocasiões?

4. Parece que isso o deixa ansioso agora (hoje).

5. Parece que sente dificuldade em falar de [...].

6. Noto que usou um tom diferente quando começou a falar de [...].

7. Parece que foi uma experiência dolorosa para você.

8. Parece que está saltando de galho em galho, como um pássaro.

9. É possível que tenha medo (temor) de expressar-se mais diretamente?

Processo de comunicação

1. O que pensa do modo como está falando?

2. Tenho a impressão de que você está procurando me dizer alguma coisa.

3. Você está falando como se estivesse lendo uma crônica de jornal.

4. Você está falando de modo mais solene que o papa!

5. Você está falando como se tudo isso se referisse a outra pessoa, e não a você mesmo.

Confrontações

1. Tenho a impressão de que [...].

2. Parece-me que [...].

3. Você está satisfeito com a maneira como vive?

4. O que isso lhe sugere?

5. O que isso diz a seu respeito?

6. Como é que isso se relaciona com os seus ideais (suas escolhas)?

7. Você vê alguma coisa em comum entre X, Y e Z?

8. Como é que X está de acordo com Y? (Há alguma contradição nisso?)

9. Quanto menos você afronta essas coisas, mais elas dominarão sua vida!

10. Depende de você.

11. Só você pode tomar essa decisão.

12. Parece que gosta de fazer papel de vítima.

13. Tenho a impressão de que se enamorou de suas misérias.

14. Parece que você está dizendo que já é perfeito.

15. Que mal há nisso?

16. Você pensa que um bom sujeito (uma pessoa madura) não deve ter sentimentos? Que nunca vai sentir raiva? Que nunca deve sentir-se triste? Que nunca deve sentir atração sexual?

17. Quem foge de um problema é como um cão com uma latinha amarrada no rabo. Quanto mais corre, mais a latinha faz barulho e mais ele corre. Ele precisa parar. Se olhasse bem ao seu redor, veria que se trata apenas de uma latinha.

18. Parece que você deseja ser auto-suficiente e livre de qualquer conflito... mas isso significaria ser Deus.

19. Deve ser lindo não ter defeitos.

20. Parece que ser aceito (estimado) pelos outros é a coisa mais importante para você.

21. Até quando pensa em continuar fugindo de si mesmo?

22. Parece ser importante para você o que os outros pensam a seu respeito.

23. Parece que é difícil para você estar só. (Parece que você sente dificuldade em estar só.)

Interpretações e/ou explicações

1. Os sentimentos reprimidos são como Drácula: enterrados, mas não mortos. Serão sempre fonte de problemas enquanto não os afrontar abertamente.

2. Existem três maneiras de lidar com os sentimentos. Pode-se reprimi-los, o que não leva a nada. Pode-se expressá-los sem controle, o que também não resolve o problema. Ou pode-se reconhecer honestamente de que tipo de sentimentos se trata e depois exprimi-los de tal modo que seja apropriado aos seus valores.

3. O que os outros desejam que você seja (faça), ou o que você pensa que eles desejam parece ser mais importante do que aquilo que você mesmo acha que deve fazer (ser).

4. Parece que você se comporta comigo como fazia com seu pai (mãe).

Tranqüilizações e/ou animações

1. Essa parece ser uma boa intuição.

2. O verdadeiro problema não é ter defeitos, mas ter medo de enfrentá-los.

3. Você descobriu algo importante hoje; talvez devamos voltar a isso noutra ocasião.

4. Talvez você esteja exagerando o problema.

5. É bom que você se sinta livre para expressar sua raiva comigo.

Várias

1. Se entendi bem [...].

2. Está claro o que quero dizer? (Eu me fiz entender?)

3. Está de acordo?

4. Somando isso que você diz agora com aquilo que falou antes [...]

5. Você gostaria de acrescentar algo ao que eu disse?

12. Ficha para estatística dos atendimentos

Embora o serviço não necessite de fichas de atendimentos ou observações sobre quem veio para ser ouvido, é bom para a equipe ter um quadro geral sobre a clientela que procura tal serviço. Uma ficha genérica sobre alguns dados da pessoa atendida pode ser útil. Os dados — sexo (homem/mulher), idade aproximada, grau de escolaridade, tipo de problema abordado — podem ser registrados numa ficha após o atendimento. Não deve existir preocupação em pedir à pessoa tais informações. Elas normalmente aparecem espontaneamente durante o encontro. Se o escutador não as obtiver, não é necessário preenchê-las todas. Esses dados são úteis na medida em que servem de orientação à equipe para que possa refletir sobre as incidências e, então, se aprofundar e trocar experiências sobre o melhor modo de ajudar as pessoas. Nenhum dado colhido deve favorecer a identificação de quem foi escutado, pois pode violar a privacidade da pessoa. Por isso, os dados são genéricos, sem muitos detalhes.

13. Avaliações periódicas e troca de experiências

É importante que a equipe do serviço de escuta se reúna periodicamente para verificar como está indo o trabalho, que dificuldades possam ter aparecido que exijam maior atenção de todos. É útil para a troca de experiências, em que um pode aprender com o outro. A equipe pode também planejar atividades que ajudem na eficácia do serviço (por exemplo, aprofundamento de assuntos que forneçam maiores subsídios para o atendimento), bem como conhecer outras experiências parecidas (por exemplo, Centro de Valorização da Vida — CVV). É ocasião também para mútuo incentivo e ajuda.

Bibliografia útil para aprofundamento

BALDISSERA, D. P. *Conhecer-se: um desafio*. São Paulo, Paulinas, 2019.

BECK, A. & FREMAN, A. *Terapia cognitiva dos transtornos de personalidade*. Porto Alegre, Artmed, 2005.

BIAGGIO, A. M. B. *Psicologia do desenvolvimento*. Petrópolis, Vozes, 1991.

BRANDEN, N. *O poder da auto-estima*. São Paulo, Saraiva, 1995.

_____. *Auto-estima*. São Paulo, Saraiva, 1999.

CENCINI, A. *Amarás o Senhor teu Deus*. São Paulo, Paulinas, 1989.

_____. *Viver reconciliados*. São Paulo, Paulinas, 1998.

DANN, Marcella. *Counseling* – uma nova profissão de ajuda. Curitiba, Iates, 2003.

FADIMAN, J. & FRAGER, R. *Teorias da personalidade*. São Paulo, Harbra, 1986.

FINKLER, P. *Compreender-se e entender os outros*. São Paulo, Loyola, 1988.

GUSTIN, M. *Deixe de ser vítima*. Aparecida, Santuário, 2002.

HERRERO, J. C. *Encontrar-se consigo mesmo*. São Paulo, Paulinas, 1999.

HORNEY, K. *Nossos conflitos interiores*. Rio de Janeiro, Bertrand Brasil, 1982.

_____. *A personalidade neurótica do nosso tempo*. São Paulo, Difel, 1983.

IMODA, F. *Psicologia e mistério*. São Paulo, Paulinas, 1998.

JOHNSON, R. A. *A chave do reino interior*. São Paulo, Mercuryo, 1989.

MANENTI, A. *Compreender e acompanhar a pessoa humana*. São Paulo, Paulinas, 2021.

MANENTI, A. & CENCINI, A. *Psicologia e formação*. São Paulo, Paulinas, 1998.

MUSSEN, P. H. et al. *Desenvolvimento e personalidade da criança*. São Paulo, Harbra, 1990.

NOVELLO, F. P. *Um mergulho em si*. São Paulo, Paulinas, 2000.

NUGENT, H. J. D. *Nervos, preocupações e depressão*. São Paulo, Quadrante, 1998.

PAPALIA, D. E. & OLDS, S. W. *Desenvolvimento humano*. Porto Alegre, Artmed, 2000.

PECK, M. S. *Prosseguindo na trilha menos percorrida*. São Paulo, 1995.

PIKUNAS, J. *Desenvolvimento humano*. São Paulo, McGraw-Hill, 1979.

POWELL, J. & BRADY, L. *Arrancar máscaras, abandonar papéis*. São Paulo, Loyola, 1997.

RAVAGLIOLI, A. *Psicologia*. São Paulo, Paulinas, 1998.

RULLA, L. *Antropologia da vocação cristã*. São Paulo, Paulinas, 1986.

SAWREY, J. M. & TELFORD, C. W. *Psicologia do ajustamento*. São Paulo, Cultrix, 1974.

SOFIELD, L.; JULIANO, C. & HAMMETT, R. *Auto-estima*. São Paulo, Loyola, 1997.

_____. *Auto-estima e os seus pilares*. São Paulo, Saraiva, 2000.

SWINDOLL, C. R. *Vivendo sem máscaras*. Belo Horizonte, Betânia, 1987.

TREVISOL, J. *Amor, mística e angústia*. São Paulo, Paulinas, 2000.

VISCOTT, D. *A linguagem dos sentimentos*. São Paulo, Summus, 1992.

WOLFF, H. *Jesus psicoterapeuta*. São Paulo, Paulinas, 1988.